그린이 **프란체스카 수다노(FRNACESCA SUDANO)**

영화감독, 만화영화제작자, 일러스트레이터로 활동하고 있습니다.
그림을 그리지 않을 때는 숲에서 야생식물이나 버섯 또는 좋은 아이디어를 찾아다니며 시간을 보냅니다.
재미있고 초현실적인 이야기에 열광하며,
그래서 그리는 그림들이 주로 신기한 자연이나 기이하고 놀라운 경험에 관한 것들이 많습니다.
그녀의 모험을 팔로우하려면 인스타그램에서 @kooomash를 검색하거나
www.francescasudano.art을 방문하시면 됩니다.

글쓴이 **알테아 빌라(ALTEA VILLA)**

대학교에서 철학을 전공하여 박사 학위를 받았습니다.
수많은 어린이 잡지 기사와 어린이를 위한 책들을 썼습니다.
콘텐츠 작가로서 특히 교육 콘텐츠를 만드는 일에 열심이고,
남의 글을 대신 써주는 유령작가로도 활동하고 있습니다.

옮긴이 **조정훈**

이화여자대학교 불어불문학과를 졸업하였고,
어린이와 청소년 책을 번역하는 일을 오랫동안 해오고 있습니다.
『샤를의 기적』, 『입속을 빠져나온 엄지손가락』, 『별자리 이야기 15가지』,
『좁은문』, 『삼총사』 등 50권 넘는 책들을 우리말로 옮겼습니다.

소곤소곤, 자연이 들려주는 이야기

알테아 빌라 글 | 프란체스카 수다노 그림 | 조정훈 옮김

아롬주니어

차례

소개 – 5
도토리 사냥 – 6
울새와 둥지 짓기 – 10
어제는 올챙이였어! – 14
날개를 활짝 펴고! – 18
당근 밑의 모험 – 22
눈송이의 여행 – 26
꽃에서 꽃으로 – 28
여우가 굴을 찾고 있어요 – 32
잃어버린 뿔 – 36
나의 껍질, 나의 집! – 40
연못 위의 산책 – 44
냄새나, 스컹크! – 46
박쥐의 비행 – 50
오소리 발자국 – 54
개미집에서 – 58
개울로 돌아간 물방울 – 62
비버는 공사 중! – 64
마못은 경계 중! – 68
시끄러워, 딱따구리! – 72
꼬마 토끼 형제 – 76

소개

울창한 숲속에서는 매일 마법 같은 이야기가 펼쳐져요.
발걸음을 멈추면 개울에서 헤엄치거나, 나뭇잎 뒤에 숨어 있거나, 땅속에서 평화롭게 쉬고 있는 동물들의 이야기를 들을 수 있어요!

들어 보세요! 저기 울새의 달콤한 지저귐이 들리지 않나요? 그리고 저 붕붕거리는 소리도요. 깊은 숲에서는 이렇게 매일같이 멋진 이야기가 펼쳐진답니다.
발걸음을 멈추면 개울에서 헤엄치거나 나무 잎사귀 뒤에 숨어 있는 동물들의 이야기를 들을 수 있어요. 그리고 땅속에서 평화롭게 쉬고 있는 동물들의 이야기도 들을 수도 있죠!

들어 보세요! 저기 울새의 달콤한 지저귐이 들리지 않나요? 꽃들 사이로는 곤충들이 날아다니고 있어요! 조금만 더 귀를 기울이면 그들의 이야기도 들을 수 있어요.
맞아요! 작은 동물과 심지어 흙이나 물이나 바람 같은 것들도 그들만의 놀라운 이야기를 가지고 있답니다.

회색 구름에서 개울이 되어 흘러가기까지의 여행을 누가 물방울보다 더 잘 설명해줄 수 있을까요?
흙 속에 숨어 있는 육즙 풍부한 뿌리를 찾는 방법을 누가 두더지보다 더 잘 알려줄 수 있을까요?
자 이제, 자연이 들려주는 이야기를 읽고 숲속 주민들이 어떻게 살고 있는지 알아보세요!

도토리 사냥

날씨가 추워지면 다람쥐는 겨울 준비를 해야 해요. 어떻게 하냐고요?
먹이로 가득 찬 은신처를 마련하는 것이지요! 작은 다람쥐가 어떻게 큼직한 도토리를 모으고,
어떻게 그 도토리를 안전하게 저장하는지 살펴봅시다.

작은 다람쥐가 큰 나뭇가지에 난 구멍에서 나와 코를 킁킁거릴 때쯤이면 벌써 해는 하늘 높이 떠 있습니다. 다람쥐는 마치 날기라도 하듯이 빠른 몸놀림으로 나무줄기를 따라 내달려요!

"겨울을 날 큰 도토리 몇 개만 있으면 돼!" 다람쥐는 숲 한가운데 있는 떡갈나무를 향해 달려가면서 생각합니다.

다람쥐가 다다른 몇백 년 된 참나무 그늘 아래에서는 벌레들이 붕붕거리고, 새들이 지저귀고 있어요.

앗, 저기 있네요!
울퉁불퉁한 나무 밑동의 잔가지에 도토리가 매달려 반짝거리는 것이 보여요.
다람쥐는 망설임 없이 도토리를 두 발로 움켜잡고 입안 가득 욱여넣습니다. 뺨이 불룩해진 다람쥐 얼굴이 얼마나 우스운지 몰라요!

"빨리! 꾸물거릴 시간이 없어!" 다람쥐는 나뭇가지들을 가로질러 자기만 아는 비밀 저장소로 달려갑니다. 다람쥐는 벌써 자작나무 숲 덤불 밑 구덩이에 호두와 헤이즐넛과 반짝이는 도토리를 몰래 숨겨 놓았어요.

비밀 저장소가 있는 자작나무에 거의 다다랐을 때 다람쥐는 다른 다람쥐의 냄새를 맡았어요. 청설모 한 마리가 나뭇가지에서 그를 지켜보고 있었어요. "조심해야 해!" 다람쥐는 혼자서 생각합니다.

"내 비밀 장소를 들키면 안 돼!" 다람쥐는 다시 땅으로 뛰어내려 축축한 흙을 파기 시작합니다. 다람쥐는 뺨 안에서 도토리를 꺼내 땅에 묻고 그곳을 떠납니다.

갑자기 여우가 나타나 숲속 빈터를 둘러봅니다!
다람쥐가 펄쩍 뛰어 도망칩니다.

너도밤나무에 올라간 다람쥐는 빈터를 살핍니다. 이제 다시 평온해졌어요. 다람쥐는 털이 수북한 꼬리를 날개 삼아 나뭇가지에서 펄쩍 뛰어 도토리가 묻힌 곳에 내려앉습니다. 다람쥐는 다시 땅을 파서 도토리를 찾아낸 다음 은신처로 돌아갑니다!

다람쥐는 어두운 지하 구덩이 속에 숨겨둔 호두와 헤이즐넛과 산딸기 곁에 도토리를 두고 나옵니다.
"이제, 추위가 찾아와도 걱정 없어!" 다람쥐는 생각합니다.

울새와 둥지 짓기

둥지는 새가 먹고, 쉬고, 알을 낳을 수 있는 작은 집이에요.
울새가 어떻게 둥지를 짓는지 알고 있나요?
알고 싶다면 울새의 이야기를 잘 들어 보세요.

울새 한 마리가 오래된 나무의 울퉁불퉁한 뿌리 사이를 뛰어다닙니다.

"여기가 내 둥지로 딱이야!" 울새는 생각하며 고목나무에 난 구멍으로 미끄러져 들어갑니다.

"알을 품을 공간도 있고, 알이 부화하면 새끼를 키울 공간도 있어."

알맞은 장소를 찾았으니 이제 일을 시작할 시간이에요!

울새가 가시나무 덤불에 걸린 불그스레한 털 뭉치를 발견합니다. 밤에 지나가던 동물이 남겨놓은 것이 분명해요. 가볍게 날아가 부리로 털을 집어와서 방금 발견한 구멍에 넣습니다.

이제 폭신한 녹색 이끼가 필요합니다! 여기 나무 몸통에 붙어 있네요!

울새는 재빠른 몸놀림으로 이끼를 벗겨내서 둥지의 털 옆에 놓습니다.

"나뭇가지 몇 개가 필요해!" 울새는 생각하고 부리로 가느다란 나뭇가지를 물고 날아옵니다.

시간이 지나면서 새 둥지의 모습이 갖추어졌습니다.
둥지 중앙에 움푹한 공간을 남겨 두고 나뭇가지, 털, 이끼, 거미줄로 둘레를 엮습니다.

울새는 완벽한 집을 짓기 위해 필요한 모든 것을 찾았습니다! 그리고 얼마 지나지 않아 작은 금빛 반점이 박힌 예쁜 파란 알 다섯 개가 생겨났어요.

울새는 절대 알 곁을 떠나지 않아요. 이 소중한 알은 곧 깃털 없는 작은 아기 새로 부화할 거예요.

좁고 둥근 둥지는 새끼들을 보호하기에는 최고입니다. 고생한 보람이 있네요!

어제는 올챙이였어!

개구리가 해 줄 이야기가 있대요.
이 책을 읽고 개구리가 태어나서 작고 사랑스러운 양서류로 변신하는 과정을 알아보아요!

연못 한가운데 있는 젖은 돌 위에 조그만 개구리가 편안히 앉아 있어요. 개구리가 펄쩍 뛰어올라 널찍한 수련 잎사귀에 내려앉자 주변의 곤충들이 놀라 붕붕거립니다.

"점프는 정말 재미있어!" 개구리는 생각합니다. "조금 전까지만 해도 형제들과 물속에서 긴 꼬리를 흔들며 헤엄치고 있었는데!"

올챙이

젤리 같은 알에서 막 빠져나온 개구리는 어두운색의 작은 물고기처럼 보여요. 둥근 머리에 꼬리가 붙어 있어서 연못에서 헤엄도 칠 수 있죠.

그때는 아직 개구리가 아니라 올챙이였어요. 올챙이 때에는 하루 종일 헤엄치고 수중식물을 먹었어요!
"그런데 갑자기 꼬리 아래에 작은 발 두 개가 생겨났지 뭐야? 처음에는 정말 느낌이 이상했지만 금방 익숙해졌어." 작은 개구리는 기억을 더듬어 봅니다.

개구리가 되기까지 인내심이 필요했습니다. 아름다운 초록색 생명체로 변할 때까지 많은 변화를 거쳐야 했지요!
"어느 날 갑자기 작은 다리 두 개가 더 자라나더니 다리가 네 개가 된 거야! 하지만 나는 계속 꼬리를 자랑하며 다녔어." 어린 시절을 기억하며 개구리는 말합니다.

"정말 대단한 변신이었어!" 길고 끈적한 혀로 벌레를 잡아먹으면서 작은 개구리는 생각합니다.

물속에서 숨을 덜 쉬는 대신 육지에서 점점 더 많은 시간을 보내게 되었죠. 그러던 어느 날, 개구리는 충격적인 사실을 발견합니다. "내게서 꼬리가 사라진 거야! 물고기처럼 헤엄칠 수 있는 시간은 끝났어. 그 대신 이제 물속에서는 다리로 움직이고, 육지에서는 빠르게 뛰어오를 수 있게 되었어!"

날개를 활짝 펴고!

나비는 화려한 색의 날개를 가지고 우아하게 날아다니는 멋진 생명체입니다. 그런데 나비는 어떻게 태어날까요? 이야기를 읽고 나비의 변신에 대해 알아보아요!

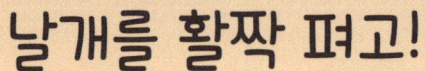

구겨진 나뭇잎처럼 생긴 것이 가느다란 나뭇가지에 매달려 바람에 흔들리고 있습니다. 그러나 자세히 보면 잎이 아니라 두 개의 비단 끈으로 나무에 매달린 초록빛 고치라는 것을 알 수 있어요. 마치 살아 있는 것처럼 안에서 무언가가 밀고 나오려고 하는 것 같아요.

고치에 틈이 생기더니 보드라운 몸을 지닌 생물이 조금씩 빠져나옵니다. 날개가 있는 것 같지만 접혀 있습니다.
"드디어 해가 나타났어!" 생명체가 생각합니다. "너무 오랫동안 잠들어 있었던 것 같아!" 그 생명체는 나뭇가지에 앉아 따스한 햇볕을 쬐며 이렇게 중얼거립니다.

"새에게 잡아먹히지 않으려고 조심조심 나뭇잎을 갉아 먹는 애벌레였던 게 엊그제 같아. 그러다 고치 속에 몸을 웅크리고 번데기로 변신했지!" 이런 생각을 하는 사이 햇볕이 그의 날개를 말려 주어서 이제 아름다운 날개를 활짝 펼칠 수 있게 되었습니다.

당근 밑의 모험

두더지는 땅 밑에 긴 터널을 파고 살아요.
그런데 이 귀여운 동물은 하루 종일 무엇을 하며 보낼까요? 그 이야기를 한번 들어 볼까요?

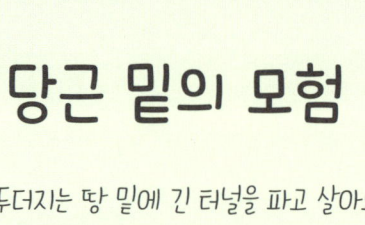

정원 귀퉁이에는 수분이 풍부한 채소들로 가득한 텃밭이 있어요. 양상추와 애호박, 그리고 커다란 주황색 당근 위에 나 있는 녹색 이파리들이 보이네요. 그런데 이 채소들 사이에 있는 것은 뭘까요? 그냥 흙더미일까요? 아니면, 다른 뭔가 있는 걸까요?

마치 어떤 동물이 텃밭 밑을 파헤치는 바람에 부드러운 흙더미가 쌓여 있는 것 같아요.

아, 저기 있어요! 땅속 어두운 곳에서 작은 털복숭이 같은 것이 움직이고 있어요. 두더지예요! 크고 튼튼한 앞다리에 짧고 억센 발톱을 가지고 있어요.

"어디 있나? 어디 있지?" 땅을 파면서 두더지가 말합니다. "너무 배고파!" 두더지는 커다란 분홍색 지렁이 먹이를 찾고 있습니다. "곤충이나 작은 벌레를 찾으면 정말 좋을 텐데. 너무 배가 고파!" 두더지는 혼자 생각합니다. 두더지는 발톱으로 땅을 파서 정원과 채소밭 아래에 기다란 터널을 만들며 쉴 새 없이 먹이를 찾아 다닙니다.

"오늘은 정말 운이 없군!" 두더지가 정원의 땅 위로 흙을 밀어내면서 투덜댑니다. 그 순간, 갑자기 그의 긴 수염이 떨리기 시작했어요! 무언가 다가오는데, 혹시 고양이 아닐까요? 두더지는 위험을 피하기 위해 재빨리 땅을 파고 들어갑니다. 충분히 깊이 파고 들어왔다고 생각한 두더지가 잠시 숨을 돌립니다. "오, 지렁이다!" 두더지가 외칩니다.

두더지는 긴 지렁이를 한입에 먹어 치웁니다. 드디어 두더지도 쉴 수 있게 되었네요.

눈송이의 여행

천천히 땅 위로 내려와 쌓인 눈더미 위로 사뿐히 내려앉는 눈송이는 도대체 어떻게 만들어지는 걸까요?

회색 구름 속은 아주 춥습니다.

먼지 알갱이 하나가 구름 속으로 날아들어 마치 춤을 추듯이 가볍게 공기 속을 떠다녀요.

그러다가 갑자기 물방울을 만난 알갱이는 물방울에 닿자마자 함께 얼어버리고 맙니다. 하지만 먼지의 비행은 여기서 그치지 않아요. 얼어붙은 먼지 알갱이는 다시 다른 물방울과 만나 점점 더 커지게 되죠. 그리고 커다란 회색 구름을 벗어나 땅으로 떨어져 내리면서 그들의 여행은 계속됩니다.

작은 알갱이가 아래로 떨어지면서 다른 물방울을 만나는데, 이 물방울이 주변을 차갑게 하면서 점점 더 커집니다.
이제 진짜 눈송이가 만들어졌어요!
그 주위로 수백 개의 다른 눈송이들도 눈 덮인 땅 위로 춤을 추며 내려옵니다.

꽃에서 꽃으로

꿀벌이 풀밭 위를 날아다니며 온갖 색깔의 꽃들을 찾아다니는 까닭은 무엇일까요? 벌은 먹이도 먹지만, 새로운 식물이 자라나고 꽃을 피우는 데 꼭 필요한 꽃가루를 운반하기도 한답니다.

숲속 빈터에서 햇살이 꽃으로 뒤덮인 풀밭을 비추고 있어요.

황금빛 금매화, 넓고 붉은 꽃잎을 가진 양귀비, 보랏빛 블루벨, 새하얀 데이지처럼 밝고 선명한 색깔의 꽃들이 피어 있습니다.

꽃들이 너무 많아 셀 수조차 없네요!

들어 보세요! 기분 좋게 붕붕거리는 소리가 공중을 가득 채우고 있어요. 어디에서 나는 소리일까요?
꿀벌이에요! 벌들이 풀밭 위를 빠르게 날아다니다가 커다란 분홍색 꽃 한가운데에 멈춰 섰네요.

"달콤한 꿀이 너무 많아!" 꿀벌이 꽃 한가운데 달콤한 액체를 빨아먹으며 생각합니다. 꿀벌의 긴 주둥이가 마치 코끼리 코처럼 보여요! 모은 것들은 모두 벌의 몸 안에 있는 벌집 모양의 주머니에 보관합니다.

일이 끝나면 작은 벌은 다른 꽃으로 날아갈 준비를 합니다. 꿀벌의 몸은 노란색 작은 알갱이로 뒤덮여 있어요. 꿀벌이 앉았던 꽃의 꽃가루입니다. 벌은 내려앉은 꽃에 자기도 모르게 꽃가루를 옮겨 줍니다. 붕붕거리며 날아다니는 꿀벌 덕분에 수십 개의 새로운 꽃이 태어나게 생겼네요!

여우가 굴을 찾고 있어요

새끼가 태어나면 여우는 안전하게 보호할 굴이 필요해요.
그래서 여우는 새끼를 숨기기 가장 좋은 장소를 찾아야 한답니다!

화창한 어느 날, 숲이 시끌벅적하네요. 수많은 곤충과 동물들이 풀과 나무와 덤불 주변을 돌아다니고 있어요. 숲 한가운데 속이 빈 마른 통나무가 있어요. 그 안에서 무언가 움직이는 것 같아요.

붉은 털, 길고 끝이 뾰족한 꼬리… 바로 여우예요!

킁킁, 통나무 안을 냄새 맡은 여우는 그렇게 만족하지 못한 것 같아요. "새끼들이 세상에 나올 때를 대비해 잘 숨겨진 굴을 찾아야 해." 여우는 생각합니다. 속이 빈 큰 통나무를 벗어난 여우는 공기 냄새를 맡습니다. "내가 직접 긴 지하 굴을 파야겠어!"

혼자서 굴을 만들기로 결심한 여우는 숲속을 헤매고 다닙니다. 이제 적당한 장소만 찾으면 되겠네요! 낮은 언덕의 꼭대기에 오른 여우는 커다란 떡갈나무를 발견합니다.
"큰 나무 그늘 아래에 굴을 파면 되겠어!"
여우는 혼자 생각하며 언덕 위로 발걸음을 재촉합니다.

언덕 꼭대기에 도착한 여우가 땅을 팔 곳을 찾기 위해 냄새를 맡습니다. 그러다 갑자기 덤불로 가려진 구멍을 발견합니다. 여우는 희미한 오소리 냄새를 맡고 다가갑니다. 땅속 구멍이 작은 굴로 이어져 있어요. "오소리가 여기서 잠을 잔 것 같지만 냄새가 강하진 않군. 여길 떠난 게 분명해!"

만족한 여우는 은신처의 구멍에 몸을 웅크리고 눕습니다. 구멍은 여우를 위해 특별히 만들어진 것처럼 아늑합니다!

잃어버린 뿔

수컷 사슴은 멋진 뿔을 자랑합니다.
매년 뿔을 잃어버리지만 조금씩 조금씩 다시 자라난답니다.

새끼 사슴 두 마리가 깊은 숲속에서 식물의 새순을 찾고 있습니다. 나란히 서서 천천히 새순을 씹으며 주변 냄새를 맡습니다. 둘 중 작은 녀석이 큰 나무의 울퉁불퉁한 뿌리 사이에서 이상한 것을 발견하고 조심스럽게 다가갑니다.

그것은 갈색의 길고 두꺼운 막대기처럼 보이지만 사실은 사슴 뿔이에요! "이것 봐!" 작은 사슴이 외칩니다. "이상한 털이 나 있는 나뭇가지를 찾았어!"

큰 사슴이 조심스럽게 다가와 동생이 방금 발견한 것을 관찰합니다. "이건 털 난 나뭇가지가 아니라 사슴 뿔이야!"

"우리도 크면 머리에 커다란 뿔 두 개가 자랄 거야! 단단하고 강한 뿔은 스스로를 지키는 데 필요하지." 큰 녀석이 설명합니다. 작은 녀석은 잘 이해하지 못하겠다는 표정입니다. "그런데 왜 이 뿔은 여기 버려진 거지?" 동생이 묻습니다.

"그건 나도 잘 모르겠어!" 형이 대답합니다. 숲 저쪽에서 나지막한 목소리가 들려옵니다. "내가 설명해 줄게!" 크고 색이 짙은 사슴 한 마리가 공터로 들어옵니다. 사슴의 머리에는 엄청나게 크고 멋진 뿔이 한 쌍 달려 있습니다.

"매년 겨울이 되면 사슴은 뿔을 잃어버린단다. 그리고 서서히 다시 자라났다가 또다시 떨어지곤 하지."

새끼 사슴들은 어른 사슴 주위를 뛰어다니다가 그를 따라 깊은 숲속으로 사라집니다.

나의 껍질, 나의 집!

달팽이는 껍질 속에서 삽니다. 껍질은 매우 쓸모가 많아서 달팽이들은 태어날 때부터 이걸 지니고 태어난답니다.

커다란 녹색 잎의 수풀이 빗방울로 온통 젖어 있습니다. 그 이파리 중 하나에 거무스름한 점이 하나 있네요. 저게 무얼까요? 아주 천천히 움직이고 있는 저것은… 아, 달팽이네요!

달팽이가 움직이면 축축하고 끈적한 자국이 남습니다.
"이제는 먹을 시간이야!" 나뭇잎 가장자리에서 달팽이가 멈춰 섭니다. 그리고 달팽이는 까칠까칠한 혀로 구멍이 생길 때까지 잎사귀 표면을 긁아댑니다!

시간이 흘러 벌써 해가 하늘 높이 떠 있습니다. 수풀 그늘에서 달팽이는 마른 땅을 따라 움직입니다. "점점 더워지네!" 달팽이는 생각합니다. "빗방울이 하나도 남지 않았어!" 달팽이는 아주 천천히 나뭇가지 위로 기어 올라갑니다.

일단 자리를 잡으면 달팽이는 머리를 껍질 안으로 집어넣습니다. 그리고 그 안에서 이동할 때마다 남기는 젤리 같은 물질을 만들어냅니다. "이제 더위를 피할 수 있겠구나!" 안전한 자기 껍질 안에서 달팽이는 생각합니다!

연못 위의 산책

어떤 곤충은 아주 가벼워서 물 위를 걷기도 해요!

연못 근처에 가까워질수록 개구리 울음소리는 크게 들립니다. 작은 물고기가 수초 사이를 헤엄치고, 오리가 맑은 물속으로 자맥질하고 있어요. 그런데 평평한 수련 잎사귀 사이에 가볍게 떠다니는 저것은 무엇일까요? 작은 곤충 한 마리가 수면 위를 걷고 있어요.

잠자리 한 마리가 빠른 날갯짓으로 윙윙거리며 작은 곤충에게 다가갑니다. "너도 나만큼 물 위를 잘 걷는구나!" 다른 잠자리도 이 모습을 보려고 다가옵니다.

"맞아요!" 작은 곤충이 연못을 천천히 가로지르며 대답합니다. "보여요? 가느다란 제 다리의 일부만 물에 잠겨 있어요. 제 몸을 덮은 털에는 물을 튕겨내는 특별한 기름이 있어서 물에 가라앉지 않고 연못 위에 쉽게 서 있을 수 있지요!"

"우리도 해보자!" 잠자리 두 마리가 조심스럽게 물 위에 앉으며 말합니다. 이 작은 곤충처럼 그들도 다리의 일부분만 가라앉지 않게 물 위에 올려놓은 채 떠 있습니다. 정말 신기하죠?

냄새나, 스컹크!

동물들은 포식자를 피하는 다양한 방법을 가지고 있습니다.
성게처럼 가시로 덮여 있는 녀석도 있고, 침을 쏘거나 고약한 냄새가 나는 물질을 내뿜는 녀석도 있지요.

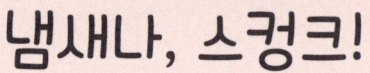

털로 덮인 동물 한 마리가 숲속을 돌아다니고 있어요. 검고 흰 털에 덥수룩한 꼬리를 가졌어요. 사방이 깜깜한 어둠으로 덮인 숲에서 이제 먹이를 찾을 시간이 온 것입니다.

녀석이 사방을 둘러보며 덤불 사이를 누비고 다닙니다. 뒤틀린 나무뿌리 냄새를 맡으며 "둥지에서 떨어진 알을 발견할 수 있었으면 좋겠어"라고 생각합니다. 그 동물은 소리가 나지 않도록 조심조심 움직이면서 깜깜한 숲에서 일어나는 모든 일에 귀를 기울입니다.

걷고 또 걷다가 동물이 갑자기 멈춰 섭니다.
"아주 커다란 것이 나를 향해 다가오고 있어! 늑대가 아니었으면 좋겠는데."

그때 눈앞에 나타난 것은… 앗, 곰이네요!
"도망쳐야 해!" 작은 동물은 이렇게 생각하며 큰 곰을 향해 꼬리를 들어 올립니다.

박쥐의 비행

박쥐는 시력이 매우 약합니다.
그래서 박쥐는 날 때 길을 잃지 않기 위해 특별한 방법을 사용한답니다!

어둠이 내려와 숲을 덮었습니다. 커다란 날개로 몸을 감싼 채 거꾸로 매달려 있던 박쥐가 잠에서 깨어났어요. 박쥐는 날개를 펴며 생각합니다. "잠을 푹 잤으니, 이제 맛있는 곤충을 찾아 나서야지."

이 날개 달린 포유류는 입을 벌리고 울음소리를 냅니다. 하지만 아무도 그 소리를 듣지는 못해요. "이 소리가 모든 장애물의 위치를 알 수 있도록 도와주지!" 박쥐의 울음소리는 매우 독특해서 덤불, 나무줄기, 바위를 튕기고 되돌아와 주변에 무엇이 있는지 알려줍니다.

"앞에 나무가 있군!" 울음소리를 낸 박쥐가 날개를 펄럭이며 날아오릅니다. 그리고 오른쪽으로 방향을 틀더니 강한 발톱으로 나뭇가지를 움켜잡습니다. "애벌레를 찾았어! 정말 맛있는 간식이야!"

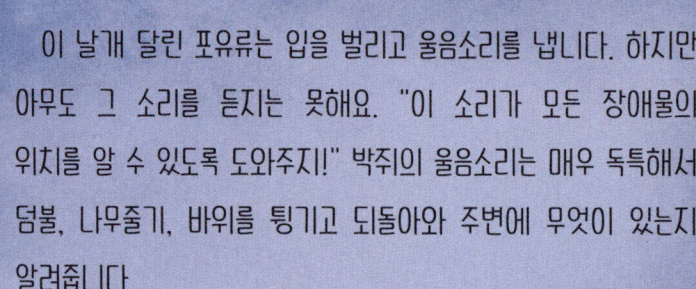

오소리 발자국

포유류인 오소리는 무리 지어 살면서 땅속에 굴을 파는 것을 좋아합니다. 오소리는 곤충, 작은 파충류, 채소 같은 먹이를 찾아 밤에 움직입니다.

개울 근처의 부드러운 모래땅에선 네 개의 원과 그 위에 발톱 자국이 나 있는 발자국을 많이 볼 수 있어요. 어떤 숲속 동물의 발자국이냐고요? 고슴도치의 것처럼 보이지만 실제로는 오소리의 발자국이에요!

여기 오소리 여섯 마리가 나무 사이로 빠르게 걸어가고 있어요. "빨리 가자! 빨리 가!" 그들이 서로를 재촉합니다. 오소리는 두 개의 긴 흰색 줄무늬가 있는 검고 튼튼한 몸통과 길쭉한 주둥이를 가지고 있어요. 앞을 잘 보지 못하지만, 후각이 매우 뛰어나서 위험을 잘 알아챌 뿐만 아니라 먹이 냄새도 잘 맡을 수 있답니다!

나무뿌리 근처에 오자 오소리가 땅속 구멍으로 기어 들어갑니다. 오소리 굴이에요! 오소리들은 튼튼한 발과 날카로운 발톱으로 굴을 파고 들어갈 수 있답니다.

지하에는 긴 터널과 여러 개의 방이 있습니다. 한 오소리는 어미 오소리가 새끼들과 함께 쉬고 있는 방으로 들어갑니다.

"조금 더 파 봐야겠어." 오소리가 생각합니다. "우리 집에는 위험이 닥쳤을 때를 대비한 출구가 없잖아!" 오소리가 튼튼한 발로 땅을 파기 시작합니다.

먹이가 가득한 방에 도착한 다른 한 마리는 입에 물고 있던 도토리를 모아 둔 식량 위에 올려놓고 긴 터널을 통해 밖으로 나갑니다.

개미집에서

개미들이 만든 둥지는 마치 도시와 같아요.
그곳에는 개미들이 생활하며 먹고 알을 낳는 골목과 집들로 가득해요.

짙은 색의 작은 개미 한 마리가 밝은 초록색 잎을 옮기며 빠르게 걸어갑니다. "서둘러야겠어!" 개미는 생각합니다. "해가 지기 전에 집에 가야 해!" 그 개미는 언덕 위의 개미집으로 향하는 긴 행렬에 섞여 서둘러 다른 개미들을 따라갑니다.

덤불 아래에는 부드러운 흙더미가 쌓여 있습니다. 여기가 바로 개미집이에요!

동료들 뒤에 줄을 서서 걸어가던 작은 개미가 구멍 중 하나로 커다란 잎사귀를 밀어넣습니다. 개미집에는 아무도 가만히 있지 않고 분주히 움직입니다! 일개미 무리가 흰색 애벌레들을 옮기고 있어요.

"조심해! 소중하게 다뤄야 해!" 이 애벌레들은 며칠 뒤면 태어날 개미들인데, 지금은 보호막에 둘러싸여 자라나고 있습니다. 일꾼들은 이 애벌레들을 다른 안전한 곳으로 옮기고 있는 중이에요.

작은 개미가 일개미들이 지나가도록 길을 비켜 줍니다. "이제 내 차례야!" 작은 개미가 생각하며 즙이 풍부한 나뭇잎을 밀고 터널을 따라 이동합니다. 마침내 창고에 도착한 개미는 그곳에 잎을 들여놓습니다. "자, 이제 드디어 쉴 수 있게 되었어!"

개울로 돌아간 물방울

강과 개울에서 우리가 보는 물은 지구 생명체에게 매우 중요한 물의 순환을 완성해 줍니다!

작은 물방울이 강을 따라 빠른 속도로 이동합니다. 태양은 빛을 쬐어 물방울을 따뜻하게 해 줍니다. "기분이 정말 상쾌해!" 물방울은 생각합니다. "공중을 떠다니는 것 같아!" 실제로 물방울은 수증기가 되어 하늘로 올라가고 있어요. 더 높이 올라갈수록 더 춥게 느껴집니다. "부르르!" 몸을 떨며 다시 한번 땅으로 떨어져 내려야겠다고 물방울은 생각합니다.

물방울 곁에 다른 물방울들이 달라붙어 하얀 구름이 만들어집니다. 물방울은 점점 커지고 점점 무거워져요! "나를 땅으로 끌어당기는 힘이 느껴져!" 이렇게 생각하며 물방울은 다른 물방울들과 함께 하늘에서 떨어져 개울로 돌아갑니다!

비버는 공사 중

비버들은 잠시도 가만히 있지 않습니다. 강이나 하천에 댐을 만드느라고 항상 바쁘죠.
비버들이 무슨 일을 하는지 따라가 볼까요?

갈색 털과 노 모양의 꼬리를 가진 두 마리의 동물이 맑은 개울물 속에서 육지를 향해 빠르게 헤엄치고 있습니다. "나뭇가지 하나 더!" 한 마리가 나뭇잎, 진흙, 이끼가 쌓인 더미 위에 큰 나무토막을 올려놓으며 말합니다.

다른 비버가 큰 나무 앞으로 다가가 크고 강한 이빨로 나무줄기가 두 동강 날 때까지 갉아먹습니다. 그리고 앞발로 나뭇조각을 다른 나뭇조각들 위에 쌓아 물의 흐름을 막고 숨은 웅덩이를 만듭니다.

두 비버 말고 또 다른 비버의 머리가 물 위로 올라옵니다. "어떤 위험이 닥쳐도 도망칠 수 있도록 수중 터널을 만들어 놓았어! 그 터널을 통해 먹이를 물가의 진흙 은신처로 운반할 수도 있지." 그가 친구들 쪽으로 헤엄쳐 오며 말합니다.

세 마리의 비버는 해가 질 때까지 계속 일하며 댐에 이끼, 나뭇잎, 나무를 더 많이 쌓아 놓습니다. 그뿐만 아니라 발 사이에 큰 돌을 끼고 헤엄을 치기도 해요. 밤이 되자 댐이 완성되고 비버들은 굴로 돌아갑니다.

마못은 경계 중!

마못에게는 위험을 알아차리면 서로에게 알려주는 재미있는 신호가 있어요.
어떤 것인지 이야기를 읽으며 알아볼까요?

온갖 꽃들이 가득 핀 푸른 초원에서 갈색 털과 둥근 머리의
마못이 뒷다리로 우뚝 선 채 여름 공기를 들이마시고 있어요.

멀지 않은 곳에서는 다른 마못들이 풀이 우거져 향긋한 냄새를 풍기는 아침 풀밭에서 놀고 있습니다.
"정말 멋진 날이야!" 마못은 생각합니다.

하늘 높이 검독수리 한 마리가 날아오릅니다. 넓은 초원에서 마못 무리를 발견한 검독수리는 무시무시한 발톱으로 한 마리를 낚아채러 내려올 준비를 합니다.

마못이 주변을 날고 있는 있는 맹금류를 발견합니다. "우릴 잡을 순 없을걸!" 마못은 생각합니다. "내가 파수꾼이거든!" 마못이 매우 높은 음으로 휘파람을 불어 위험 신호를 보내자 다른 마못들이 곧바로 지하 굴속으로 뛰어 들어갑니다.

휘파람을 분 마못도 재빨리 굴 안으로 뛰어듭니다. 바로 몇 초 뒤 검독수리의 발톱이 방금 전 그가 있던 자리의 풀을 움켜잡았네요. 이렇게 휘파람 덕분에 비상사태는 끝이 났답니다!

시끄러워, 딱따구리!

딱따구리는 아주 뾰족한 부리를 가지고 있지요.
딱따구리는 이 부리로 나무 줄기를 뚫은 다음에 먹이를 잡아먹어요.

딱. 딱. 딱. 숲속에 시끄러운 소리가 울려 퍼집니다. 딱. 딱. 딱. 다람쥐 한 마리가 나뭇가지 위에 멈춰 서서 이 소리를 듣습니다. 딱. 딱. 딱. 시끄럽게 반복되는 이 소리는 도대체 멈출 줄을 몰라요.

박새 한 마리가 이 이상한 소리를 따라 너도밤나무 가지 위에 내려앉습니다. 검은색 나무를 올려다보던 박새가 머리에 새빨간 깃털이 달린 새 한 마리를 발견합니다. "얘야, 이 소리를 네가 다 낸 거니?" 박새가 궁금하여 묻습니다.

붉은 머리의 새가 소리를 멈추더니 박새를 향해 고개를 돌립니다. "시끄러웠니? 난 육즙이 많은 벌레를 찾고 있었어. 먹이들이 나무껍질 바로 밑에 있거든! 날카로운 부리로 구멍이 날 때까지 쪼아댄 다음에 긴 혀로 애벌레를 잡아먹는단다!" 그가 설명합니다.

"나는 둥지도 이런 식으로 지어. 속이 빈 나무를 찾은 다음, 나와 내 새끼들이 들어갈 만큼 큰 구멍이 생길 때까지 부리로 두드려서 파내지!" 딱따구리가 계속 나무줄기를 두드리며 말합니다. 딱. 딱. 딱.

꼬마 토끼 형제

아기 토끼는 털도 없고 눈도 뜨지 못한 채로 태어납니다. 아기들은 약 3주 동안 굴에 머무는 동안 털이 자라고 시력이 발달해요. 그리고 마침내 밖으로 나갈 수 있게 되죠!

두 마리 아기 토끼가 따뜻한 굴속에서 정성껏 털을 다듬고 있습니다. 토끼들은 발바닥을 핥고 긴 귀와 나머지 몸의 보드라운 부분을 문지릅니다. "이제 나가 보자!" 한 마리가 말합니다.

지하 굴로 통하는 터널을 통과한 토끼들이 마침내 땅 위에 도착합니다. 토끼들은 처음으로 신선한 공기와 꽃향기, 초원의 풀 내음을 맡을 수 있었습니다.

조심스럽게 몇 걸음을 옮기던 토끼들이 점점 더 크게 뛰어오릅니다. "너무 재밌어!" 풀밭에서 서로를 쫓아가며 토끼들이 말합니다. 데이지 몇 개를 맛보고 수분이 풍부한 잎사귀를 맛본 다음 토끼들은 다시 서로를 쫓습니다.

갑자기 쿵쿵 하고 발을 구르는 소리가 들려옵니다.

아빠가 뒷다리로 땅을 쿵쿵 밟는 것은 위험이 다가오고 있다는 신호예요!

비록 어리지만, 두 아기 토끼들은 재빨리 구멍으로 돌아오는 것이 얼마나 중요한지 잘 알고 있어요. 아기 토끼들은 깡충거리며 재빨리 어른 토끼 곁으로 달려와서 지하로 따라 들어갑니다.

WS White Star Kids® is a registered trademark property of White Star s.r.l.

Piccole storie della natura
©2024 White Star s.r.l.
Piazzale Luigi Cadorna, 6
20123 Milan, Italy
www.whitestar.it

All rights reserved.
Korean Translation Copyright © 2024 AROM JUNIOR.
The Korean language edition was published by arrangement with White Star
S.r.l., through Agency-One, Seoul.

이 책의 한국어판 저작권은 에이전시 원을 통해 저작권자와의 독점 계약으로 아롬주니어에 있습니다. 저작권법에 의해 한국 내에서 보호를 받는 저작물이므로 무단 전재와 무단복제를 금합니다.

소곤소곤, 자연이 들려주는 이야기

초판 1쇄 발행   2024년 9월 11일

지은이   알테아 빌라
그린이   프란체스카 수다노
옮긴이   조정훈

펴낸이   김경옥
펴낸곳   (주)아롬주니어
편 집   박찬규
마케팅, 관리   서정원
디자인, 제작   디자인원(031.941.0991)

출판등록번호   제 2020-000340호
주 소   서울특별시 마포구 월드컵북로 162-4 1층
전 화   02.326.4200
팩 스   02.336.6738
이메일   aromju@hanmail.net

ISBN   979-11-91902-05-1 (73490)